AF257565

OPINION

D'UN ÉTRANGER

SUR L'INDEMNITÉ

POUR

LES ÉMIGRÉS.

IMPRIMÉ CHEZ PAUL RENOUARD,
RUE DE L'HIRONDELLE, N° 22.

OPINION

D'UN ÉTRANGER

SUR L'INDEMNITÉ

POUR

LES ÉMIGRÉS.

FXTRAIT DE L'ERMITE.

PARIS,

CHEZ BOULLAND ET Ce, LIBRAIRE, PALAIS-ROYAL,
GALERIE-DE-BOIS; N° 254.

1825.

OPINION

D'UN ÉTRANGER

SUR L'INDEMNITÉ

POUR

LES ÉMIGRÉS.

QUELS sont les termes favoris, les plus re-
çus en France? La révolution est accomplie,
achevée, terminée? La Constitution, la Charte
est donnée, octroyée, obtenue, elle est en
pleine vigueur? Si on se plaît de temps en
temps à parler de la révolution *vaincue*, de
ses dernières plaies *fermées*, cela ne s'entend
que de ses affreux débordemens, et nullement
du « Thalweg » même. Les eaux coulent, les

barques vont et viennent, et bientôt les bancs de sable se couvriront. C'est la partie déplaisante du tableau.

Le voile est donc jeté sur cette révolution. Le Roi occupe le trône de ses ancêtres. Les Bourbons à l'envi ont prononcé : *union et oubli*. Ils les veulent sincèrement, et la terre long-temps effrayée, bouleversée, irritée, applaudit de toutes parts. La pacification générale repose sur cette base. L'histoire ne connaît pas de trait d'héroïsme plus sublime, plus bienfaisant, qu'après tant de souffances et de deuil, ce même : *union et oubli*, et l'accomplissement non interrompu de cette intention généreuse, de cette parole royale et chrétienne.

Les héros de la Vendée tendent la main et la demandent aux vainqueurs d'Austerlitz. Ils se groupent et se rencontrent autour du trône pour l'honorer et le défendre. Les émigrés de tout rang depuis long-temps sont effacés de la liste, rappelés, rentrés, et beaucoup d'entre eux ont recouvré, en tout ou en partie, les biens de leurs ancêtres.

Mais le bien de la grande majorité a été confisqué, vendu, dilapidé; il a passé en d'autres mains, et par toutes les chances du contrat et de l'héritage : il est compris sous la dénomination équivoque de biens nationaux. La restitution serait une calamité, elle est interdite par les lois. L'on a porté dans la Charte même ce grand sacrifice au temps, au repos, à la doctrine de la propriété sacrée. Mais c'est ne voir la médaille que d'un côté.

La noblesse de France pouvait oublier les vexations, les outrages, les cruautés, le meurtre et l'exil. C'est le domaine de l'histoire, mais la spoliation reste; elle est de tous les jours et de tous les momens. Leur demander cet oubli, est demander une chose qui est au-dessus des forces de la nature humaine. La noblesse de France demande l'indemnité comme la demandaient les princes et seigneurs allemands, dépossédés par les traités de paix. Jugeons de la moralité de cette prétention.

Je me suis vu couché sur cette liste des émigrés, non sans de grands désagrémens pour ma famille. L'unique droit qui doit me revenir de cette honorable association c'est le franc parler en faveur de mes confrères *in adversis*. Je garantis que ce parlage sera *publicole* et parlementaire.

Moi-même gentilhomme, un peu philosophe, zélé défenseur de la morale, grand ami de la liberté et des libertés, constitutionnel de pied en cap, disposé à porter des sacrifices à l'égalité en tant que de besoin ; en pareille situation, si j'avois l'honneur d'appartenir à la noblesse française, — que prétendrais-je? — L'indemnité, sans aucun doute!

Je me demanderais, avant tout : « Y a-t-il

possibilité ? ou, ce qui signifie la même chose pour l'homme probe, fera-t-elle trop de mal à ma patrie ? Minera-t-elle son crédit ? Aggravera-t-elle considérablement l'impôt ? Empêchera-t-elle les entreprises utiles ? Diminuera-t-elle les moyens de défense, au point de nous empêcher ? Et si les adversaires, hommes d'Etat, raisonnablement devaient dire non, je serais de ce côté-là aussi tranquillisé dans ma conscience, que ferme dans ma volonté !

Les sommes postulées, qu'on peut énoncer par approximation ; qu'on peut fixer d'avance, modérer d'après certaines règles et certains principes, ne vont pas à l'excès, ne donnent pas dans le vague et trouveront leur diviseur. Le partage des indemnités voulues par la paix, que lord Wellington a terminé moitié en justice, moitié en coupant le nœud gordien, était bien autrement compliqué et difficile. Comparée à la totalité du budget, la demande paraît peu importante aux yeux de l'homme d'Etat, s'il pèse à sa juste valeur le grand résultat auquel il vise et doit viser : la concorde !

Louis XVIII, sans aucun doute, a rendu hommage à la Charte. Le fruit le plus salutaire des bonnes constitutions est très certainement la nécessité, au lieu de favoris, au lieu de camarilles ou de confesseurs, d'appeler à la tête des affaires des hommes de grands talens, agréables à la nation. Louis XVIII a été heureux dans ses choix. Messieurs de Talleyrand, Richelieu, Decazes, Villèle savaient tous leur rôle. Vues de loin, les nuances s'effacent. Ce sera le jugement de l'histoire, quant à cette multitude de reproches. *Much ado about nothing.* La distance, l'éloignement de la capitale, est une assez bonne place pour voir les objets en grand. Et cette constitution française est bien digne d'être vue en grand ! Comme elle a pris racine dès le premier règne décennal ! Comme les deux chambres ont rivalisé avec celles d'Angleterre ! Comme elles ont déjoué le faux calcul de ceux qui jasent de base historique, sans trop savoir ce qu'ils disent. Et quels résultats ? Le crédit, sûre boussole, allait *crescendo* avec très peu d'oscillation, et, par conséquent, les fonds, la confiance, l'ordre et l'accord. Je n'ai vu qu'une seule mesure liberticide, et du plus dangereux exemple; la belle adresse, la réunion des extrémités pour se défaire du ministère de M. de Richelieu, de ce Richelieu si chevaleresque, si généreux, si sage, ornement de l'Europe et de notre ère, s'il en fut.

La nation tout entière doit donc une reconnaissance à la mémoire de ce roi spirituel et sage. Elle en doit à tous les Bourbons ! Elle n'en a pas d'autre à leur offrir.

Comment ces Bourbons pourront-ils s'abstenir par les sentimens les plus naturels, d'être essentiellement propices à cette classe, qui a suivi son sort? Qui pour la monarchie, — soyons vrais, et pour l'aristocratie, a souffert tous les tourmens.

Tous les tourmens, excepté l'épisode trop poétique du Génie du christianisme.

« On dit qu'un Français, obligé de fuir pen-
« dant la terreur, avait acheté de quelques
« deniers qui lui restaient, une barque sur le
« Rhin ; il s'y était logé avec sa femme et ses
« deux enfans. N'ayant point d'argent, il n'y
« avait point pour lui d'hospitalité. Quand on
« le chassait d'un rivage, il passait, sans se
« plaindre, à l'autre bord ; souvent poursuivi
« sur les deux rives, il était obligé de jeter
« l'ancre au milieu du fleuve. Il pêchait, pour
« nourrir sa famille, mais les hommes lui dis-
« putaient encore les secours de la Providence.
« La nuit, il allait cueillir des herbes sèches,
« pour faire un peu de feu, et sa femme de-
« meurait dans de mortelles angoisses jusqu'à
« son retour. Obligée de se faire sauvage entre
« quatre nations civilisées, cette famille n'a-
« vait pas sur le globe un seul coin de terre
« où elle osât mettre le pied : toute sa conso-
« lation était, en errant dans le voisinage de

« la France, de respirer quelquefois un air qui
« avait passé sur son pays : »

Non, on les a secourus. Il y avait de l'hospitalité sans argent, — sur ces mêmes bords du
Rhin, et sur d'autres rives. — A-t-on sitôt ou-
blié Schoenbornslust, Mannheim, Brunswick,
Arolsen ? —Ce n'est pas moi qui ai pu leur
être de quelque secours. Je n'avais ni foyer ni
toit, mon père vivait! « Je ne peux pas les re-
cevoir en foule, disait-il, mais j'en recevrai un
qui sera traité comme le fils de la maison. »
Et nous l'avons chéri comme tel, parce qu'il
le méritait. —Combien d'exemples de ce genre
sur ces mêmes rives du Rhin, à la veille d'une
guerre peu préparée et peu populaire? Il faut
convenir : — mais loin de moi les récrimina-
tions. Je reviens à mon sujet.

Il me semble que ceux-là défendent mal leurs
intérêts qui les représentent comme une foule
d'hommes de cour, — royalistes sans mesure,

sollicitant la récompense de leur fidélité. La
véritable résidence du gentilhomme est le châ-
teau de ses pères , son manoir. C'est là qu'il
doit peser et combiner la fidélité due à son
Roi, à . sa patrie, à ses propres intérêts.
Malheur à lui, si le sort les divise , s'il faut
opter. Point de mascarade! C'est justice, res-
pect des propriétés , intérêt de tous, que j'in-
voquerai , et non pas la miséricorde ! La seule
dénomination: Biens nationaux; en dit assez!

Combien cet état présent des choses,—l'injustice maintenue, ne doit-il pas gêner les Rois,
Louis ou Charles , dans leurs décisions jour-
nalières, dans leurs nominations, dans la com-
position de leur cour, de leurs missions, —
dans leurs plans d'épargnes, même dans l'ad-
ministration de leur liste civile , et la distri-
bution de leurs bienfaits ! Combien leur position constitutionnelle n'est-elle pas dérangée
à chaque instant, leurs intentions les plus
pures empêchées , quand ils y songent , que

le Monarque, dans son honneur et sa conscience, doit trouver, donner, suppléer cette compensation que la monarchie refuse! Quelle disparate et où en est la faute?

On allègue les spoliations d'autres classes assez nombreuses, leurs prétentions et l'impossibilité de satisfaire, de les découvrir toutes. C'est l'objection de l'avare : ne pouvant donner à tous, ne donnons à personne ! Le simple fait, la matière même, le bruit qu'on en fait, prouvent assez qu'il s'agit d'un intérêt majeur, d'une classe de citoyens placée en première ligne, honorée, solidairement unie, et forte dans ses moyens. Sur ces classes, le législateur, même avant le juge, porte ses premières vues. Il s'agit essentiellement de l'aristocratie de France, de ce grand tiers dans la division du pouvoir, *le threefold power!* Il s'agit de la solidité de l'aristocratie de France, sans laquelle le Trône sera éternellement menacé, et la démocratie éternellement tourmentée.

Etudiez les temps de Cromwell et de Charles II.

La protection de la loi est accordée à tout genre de propriété. Cela n'empêche pas que nous ne puissions mesurer, estimer la sécurité, la solidité par degrés, même aux yeux des moins clairvoyans.

La grande propriété primitive acquise par l'Epée ou la Francisque, fondée avec le berceau de la monarchie, assurée par les fideicommis, défendue avec gloire, illustrée par des services ; est plus affermie dans le cours, et pour le cours des siècles, que celle du banquier, du colon, du rentier ; de leur propre aveu bien plus exposées aux chances des événemens, au jeu des passions, aux caprices de la fortune. Cette grande propriété foncière n'avait à craindre qu'un seul ennemi, l'injustice, la rapine, le désordre. C'est dans ce sens que la révolution n'est vaincue qu'imparfaitement.

Je ne disconviens pas que des égards pour les rentiers, pour les colons en souffrance, honoreront le gouvernement. Il me semble qu'il s'en occupe sans cesse.

Après cette mention générale des intérêts du royaume, cette mention générale, que les rois auront les mains plus libres pour suivre les règles de l'égalité relative, pour ne se plus croire obligés, par une reconnaissance onéreuse et partiale ; enfin, que les acquéreurs des biens nationaux même, ne sauraient qu'y gagner, par la consolidation parfaite ; et tous les citoyens, par des regrets étouffés, — j'ajouterai quelques réflexions dans l'intérêt des libertés de l'Europe.

L'Europe souffre de l'aristocratie trop effacée. Evidemment le principe monarchique et le principe démocratique s'agitent, se combattent, se tourmentent, parce que l'aristocratie ne sait ou ne prend pas son rôle, parce

2

qu'elle joue au Collin-Maillard. Non pas l'aristocratie qui envahit tout et ne voit qu'*elle*, mais l'aristocratie généreuse, qui défend tous les droits, les respecte tous, ouvre ses rangs au mérite, quelquefois à la fortune; qui juge plus sainement toutes choses par une éducation plus soignée, par des connaissances plus variées, par l'usage du monde, et souvent par le mépris des choses frivoles auxquelles tant d'autres aspirent; enfin, par une résistance courageuse et imperturbable, quand elle est commandée par l'honneur et la conscience. Mais il est difficile de créer les aristocraties. Quand cela serait vrai, est-ce une raison de vexer, d'étouffer celle que le sol de France a vu naître? Voyez vos premiers orateurs de l'opposition implorer l'intervention de cette même Chambre des Pairs que vous vous refusez d'asseoir sur des bases plus solides, sur les bases de l'antique droit de propriété et de possession immémoriale.

Les réformateurs, les législateurs de tous les

siècles, depuis les Thésée et Solon jusqu'aux Franklin et Washington, pour résoudre leur grand problème, cherchaient de satisfaire tout le monde, de satisfaire *les triples prétentions*, de nourrir les principales branches du grand arbre de l'Etat. Jamais le repos, la satisfaction, la concorde ne seront consolidés en France ; jamais la Charte ne prendra racine, les racines anglaises, tant que cette classe nombreuse se trouvera lésée. Ils feront du mal à nous autres. Leurs justes griefs, leurs plaintes amères forment un écho qni retentit jusque dans nos forêts hercyniennes. On m'entend. Fermez donc, comme on s'exprime chez vous, ces dernières plaies. Ecoutez-les, et de leurs rangs sortiront les plus vigoureux défenseurs et de la couronne et des libertés publiques Tout le présage. Témoin même ceux que leur mérite avait appelés au timon des affaires.

Les droits onéreux au peuple sont abolis pour toujours ; servitude, corvée, dîme, abus du droit de chasse. Le temps et l'honneur feront justice de la gêne des élections, s'il y en a.

Le mouvement de l'aristocratie sera plus uniforme, plus réglé, parce qu'ils auront plus de voisins qui partagent la propriété territoriale avec eux. Admonétés par l'adversité, empêchés par les lois de faire le mal, obligés de rivaliser de science, de talent, de vertu; ils se mettront en avant dans les occurrences majeures, telles que la défense de la constitution, la religion protégée mais tolérante, la liberté, l'indépendance des nations. Ils seront nos modèles, comme les Anglais étaient les leurs. Nous en avons besoin.

Tandis que chez nous autres on avait l'air plus que l'intention de traiter la cause des Grecs comme celle des rebelles ordinaires, coupables, complices de tous les conspirateurs et radicaux, adversaires de la légitimité, incapables de vertus et de sociabilité; le clergé et la noblesse de France rivalisaient avec les plus zélés défenseurs. Jamais l'illustre voyageur de Paris à Jérusalem, et ceux de son parti, n'auraient consenti au double langage, à l'oppression de ce peuple héroïque ! Chez nous, les chefs de l'État savaient très bien leur jeu, mais les gens ineptes et serviles, ne voyant pas le dessous des cartes, prostituaient leur plume et chargeaient leur conscience.

*. Toutes les affaires politiques de l'Europe, toutes les grandes questions sont liées. L'existence, les maximes de la Sainte Alliance même, le prouvent. Les défenseurs vigoureux du principe monarchique, invitent à défendre les principes aristocratiques et démocratiques, avoués par les Chartes; bien entendus, ils s'étayent tous les trois.

Nous observons soigneusement les affaires d'Angleterre, de France; il est juste que les Anglais, les Français prennent connaissance des nôtres, même à travers l'ennui. M. Canning, en plein parlement, ne s'est pas expliqué bien nettement sur nos affaires tudesques. Il paraissait de mauvaise humeur; il paraissait mettre de côté l'acte du congrès de Vienne, et la garantie des huit puissances ; puis de l'Europe entière ; — j'y reviendrai — , de mon plein droit. Le révérend conseiller d'Etat , M. Ancillon , dans ses Essais de politique, quitte le domaine de la méthaphysique , où il est maître , pour parler aux deux nations de l'histoire , du droit public de l'Allemagne et de ses institutions. Incessamment je releverai ses erreurs ! Ses apophtegmes nous chantent :

Le paradoxe est le profil de la vérité.

Le profil aussi doit être d'une ressemblance parfaite, et ses paradoxes ne ressemblent à rien du tout ! Je me suis appliqué à bien saisir les traits de la vérité en face !